DIDÁTICA INVISÍVEL

Catalogação na Fonte
Elaborado por: Josefina A. S. Guedes
Bibliotecária CRB 9/870

G214d Garbozza, Gustavo Davi
2019   Didática invisível / Gustavo Davi Garbozza. - 1. ed.
     Curitiba: Appris, 2019.
     85 p. ; 21 cm

     Inclui bibliografias
     ISBN 978-85-473-3423-9

     1. Poesia brasileira. 2. Educação. 3. Professores. 4. Alunos. I. Título. II. Série.

CDD – 370

Editora e Livraria Appris Ltda.
Av. Manoel Ribas, 2265 – Mercês
Curitiba/PR – CEP: 80810-002
Tel: (41) 3156 - 4731
www.editoraappris.com.br

Printed in Brazil
Impresso no Brasil

Gustavo Davi Garbozza

DIDÁTICA INVISÍVEL

Editora Appris Ltda.
1.ª Edição - Copyright© 2019 dos autores
Direitos de Edição Reservados à Editora Appris Ltda.

Nenhuma parte desta obra poderá ser utilizada indevidamente, sem estar de acordo com a Lei nº 9.610/98. Se incorreções forem encontradas, serão de exclusiva responsabilidade de seus organizadores. Foi realizado o Depósito Legal na Fundação Biblioteca Nacional, de acordo com as Leis nos 10.994, de 14/12/2004, e 12.192, de 14/01/2010.

FICHA TÉCNICA

EDITORIAL	Augusto V. de A. Coelho
	Marli Caetano
	Sara C. de Andrade Coelho
COMITÊ EDITORIAL	Andréa Barbosa Gouveia (UFPR)
	Jacques de Lima Ferreira (UP)
	Marilda Aparecida Behrens (PUCPR)
	Ana El Achkar (UNIVERSO/RJ)
	Conrado Moreira Mendes (PUC-MG)
	Eliete Correia dos Santos (UEPB)
	Fabiano Santos (UERJ/IESP)
	Francinete Fernandes de Sousa (UEPB)
	Francisco Carlos Duarte (PUCPR)
	Francisco de Assis (Fiam-Faam, SP, Brasil)
	Juliana Reichert Assunção Tonelli (UEL)
	Maria Aparecida Barbosa (USP)
	Maria Helena Zamora (PUC-Rio)
	Maria Margarida de Andrade (Umack)
	Roque Ismael da Costa Güllich (UFFS)
	Toni Reis (UFPR)
	Valdomiro de Oliveira (UFPR)
	Valério Brusamolin (IFPR)
ASSESSORIA EDITORIAL	Alana Cabral
REVISÃO	Andrea Bassoto Gatto
PRODUÇÃO EDITORIAL	Lucas Andrade
DIAGRAMAÇÃO	Daniela Baumguertner
CAPA	Lais Carniatto
COMUNICAÇÃO	Carlos Eduardo Pereira
	Débora Nazário
	Karla Pipolo Olegário
LIVRARIAS E EVENTOS	Estevão Misael
GERÊNCIA DE FINANÇAS	Selma Maria Fernandes do Valle

AGRADECIMENTOS

Foram tantos os alunos que diretamente ou indiretamente ouvi, entrevistei. Foram tantos os anseios com que me deparei na busca de um ideal para ensinar. Foram "enes" as situações que me desafiaram a mudar. Agradecer a quem então? A todos os alunos que entrevistei, a todos os colegas que desabafaram na angústia de encontrar o caminho da educação. À minha primeira professora, que me alfabetizou, e às minhas filhas, Bruna e Sayuri, que portavam as lamentações da vida de estudante e que agora aqui revelado, indiretamente entrevistei. A saber, de vossas angústias brotaram algumas poesias. O meu muito obrigado!

Luiza Welter

Era uma professora incomparável.

Que dedicou a vida à educação.

O conteúdo em nada era digitável.

A cartilha era a sustentação.

Com criatividade e artifícios.

Ensinava a alfabetização.

Alfabetizava uma série.

Enquanto a outra fazia a lição.

E ainda se defendia na cozinha.

Com a panela de feijão.

Lembro que pulei a janela.

Quando explodiu o botijão.

Na Escola Lauro Werlang.

De ti guardo a lição.

De ensinar com respeito.

Com rigidez e dedicação.

A lição que mais se aprende.

É a lição da gratidão.

Por ti fui alfabetizado.

Na lição, passada à mão.

Escola Vereador Romeu Lauro Werlang

Era uma escola azul.

Construída em madeira.

Ficava na Linha Formiga.

Próximo à Linha Altaneira.

Tínhamos que chegar mais cedo.

Em trios para limpar o chão.

A escola era nossa casa.

Casa de educação.

Nela se entrava descalço.

No inverno gelava o pé e a mão.

Era a estação de aguardar o recreio.

Nisso! O sol era nossa salvação.

Íamos para a aula descalços.

Quando jazia o tempo de verão.

No inverno usávamos conga.

Quem calçava o kichute

era pura ostentação.

No caminho pisávamos a geada.

A conga não esquentava não.

Se a chuva a enlameasse.

A mãe lavava-a,

secando-a no forno do fogão.

Se esquecesse por muito tempo.

A conga no fogão.

O plástico da sola derretia.

Andávamos feito um borrão.

No recreio jogávamos bola.

De meia costurada a mão.

E quando não havia lanche.

Comíamos melado passado no pão.

Quando volto ao local.

Ainda me corta o coração.

A escola não a verei jamais.

Pois sucumbiu à demolição.

PREFÁCIO

A intitulada obra *Didática invisível*, do escritor e professor Gustavo Davi Garbozza, lança aos professores e, também, à própria educação, uma reflexão singular: até que ponto as chamadas práticas educacionais disseminadas no âmbito escolar possibilitam a função social da educação? Ou seja, será que todas as práticas desenvolvidas dentro da educação educam? A questão é problemática, exigindo um amplo debate que possibilite voz e visibilidade aos profissionais da educação, justamente estes que fazem a linha de frente e sentem no dia a dia da sala da aula os desafios do ensinar e do aprender.

A quem diga que pelo simples fato de "se dar o exemplo" se educa mais do que com discursos, ou, onde a prática não cabe gramática, a "educação" se faz presente. Essas afirmações mascaram uma dura realidade social e política de exclusão e marginalidade de nossos jovens, em que, por qualquer prática desenvolvida, sendo bem intencionada, sem reflexão sobre ela, possa servir para educar, destacando um caráter meramente meritocrático e dogmático de uma ação cega na educação.

A partir da obra de Gustavo podemos, se isso é possível, captar o movimento do real, desvelando, dessa forma, os discursos e as narrativas próprias do senso comum escolar que alimentam uma lógica meritocrática em que os estudantes, ou não, independentemente de raça, classes social e econômica, credo ou gênero, são nivelados por suas capacidades físicas e intelectuais. Essa perversa lógica meritocrática está fundamentalmente determinada a impedir uma utópica, e é difícil não ser utópico na educação, uma prática emancipatória do sujeito, entrando em desacordo com as metas das políticas educacionais de preparar todos os estudantes para serem cidadãos ativos e críticos.

Ao que tudo indica, *Didática invisível* quer ampliar uma gama de interesses. Ela possibilita, por essa via, uma intenção de que pelo livre pensar da poesia e pela força das palavras possam ser reveladas as práticas ideológicas e sociais prevalentes na cultura das escolas, criando, assim, as condições de uma ação libertadora ao dar visibilidade aos sujeitos que foram esquecidos na estrada para o crescimento educacional, aqueles para os quais a História pôs um fim cruel e prematuro na esperança.

Alceu Cordeiro Fonseca Junior

Professor de História e de Filosofia na rede pública de ensino do Paraná.

Mestre em Educação Filosófica (UFPR).

SUMÁRIO

SEBASTIÃO 15

APRESENTAÇÃO 17

Desabafo 19
Desânimo 19
Sensibilidade 20
Educar é uma arte 21
A todos 22
Indisciplina 23
Quem ensina também aprende 24
O olhar 25
Joia rara 25
Um papo banal 26
À beira da lacuna! 26
Matéria e professor 27

ESTERÓTIPO DE
PROFESSORES E ALUNOS 29

Professor sofista 29
Aluno trampolim 30
Professor profissional 31
Quando? 31
O aluno invisível 32
Professor sarcástico 33
Aluno iceberg 34
Professor autoritário 35
Aluno bode expiatório 36
O professor sofredor 37
A galera do corredor 38
Professor sonhador 39
Aluno irritante! 41

Professor crica 42

Aluno traumático 43

Professor queridinho 44

Alunos vaquinha de presépio 45

Professor desagravo 46

Aluno líder 47

Aluno agitado 49

Todo profissional tem potencial 50

A galera do fundão 50

Professor mercenário 52

A professora Sofia 53

Aluno imediatista 54

Professor autoridade 54

A AZÁFAMA DIÁRIA 57

A nota 57

A insegurança 59

Eles não têm limite algum! 59

A paixão que limita! 60

A situação que ilimita! 61

O conselho é de classe 62

A sala das lamentações 63

O grito 64

Devaneios 65

Eram uma vez um mestre 66

Sala homogeneizada 67

Disciplinar 68

Professor, por que você veio? 69

A família desestruturada 70

Avaliação 71

A distância 72

Boa aula 72

A escola que queremos 73

HISTÓRIAS DA EDUCAÇÃO 77

O menino e o professor 77

Jonathan 79

Palavra agressiva 79

A carroça escola 80

Escrevi 83

SEBASTIÃO

Morador do Portão.
A capital é sua morada.
Ele dorme no chão.
O metal é sua parada.

Trabalha coletando latinhas.
Pois se recusa a pedir esmola.
A sobrevivência virou disciplina.
Sociologia não aprendera na escola.

Tentara aprender a lição!
Atrasava o copiar!
E a professora sem perdão!
Se apressava a apagar!

Quadro limpo,
Consciência vazia!
Professor e menino,
Na inocência, não aprendiam!

APRESENTAÇÃO

Sebastião é um morador de rua de Curitiba, transeunte dos bairros Portão e Capão Rasão. Simpático e falante, não dispensa um "dedo" de prosa, mesmo porque, de resto, a vida e a morte o ignoram. Sobrevive do que a sociedade joga fora. Cata latinha, ferro e cobre, vendendo a um comerciante, que o explora. No entanto o seu destino poderia ter sido determinado na escola.

Estudante primário de primeira série (hoje segundo ano) na Escola Presidente Pedrosa, abandonou os estudos por não acompanhar a lição, alegando que a professora era muito rápida. Passava no quadro e antes que ele pudesse terminar de copiar, ela apagava. Lamenta-se do infortunou que a educação lhe reservou.

Sebastião carrega a sina que a escola – ou a falta dela – lhe reservou. A didática bem aplicada – ou mal aplicada – marca vidas para sempre.

Esta obra não foi elaborada com o intuito de corrigir erros didáticos, distorcer o assunto e muito menos tende a propor novos conceitos. Esta é, acima de tudo, uma autoavaliação dos meus vinte e seis anos de sala de aula. Cinco como professor de Matemática e vinte lecionando História. Uma obra escrita no chão da escola, levando em consideração os dezessete estabelecimentos em que atuei, sob a perspectiva de um olhar poético.

A didática invisível são todas aquelas práticas que estão impregnadas no cotidiano do educador, tão enraigadas que passam despercebidas nas ações cotidianas de sala de aula. Tais práticas estão desprovidas de um olhar crítico e desinteressado sobre o que é funcional e o que é ultrapassado, culpabilizando o aluno e a desestruturação familiar pelo desinteresse do aprendizado.

Apontar uma solução definitiva para o problema educacional está longe do meu interesse. Outro, sim, atento-me muito mais à crítica em detrimento de soluções.

Esta é uma visão anágua de um poeta sobre a educação. A saia que se veste debaixo de um vestido não aparece, mas dá sustentação para que ele desfile. Tentar mudar a educação do Brasil sem oferecer uma sustentação didática adequada para os envolvidos diretamente no processo educacional é mandar soldados para a guerra sem munição.

Educar remete-nos a uma tríade debatida, esmiuçada no mundo acadêmico: o que educar? Para que educar? E como educar? Sendo essa última pergunta a mais complexa das três e da qual menos se sabe sobre o assunto. Ele vem à moda brasileira: aprender fazendo. É um contexto em que se dá asas à imaginação, cada qual com sua metodologia própria, desde a mais complexa às mais perversas.

DESABAFO

Mais um ano se passou.
E a história que eu amava.
Não me agradou.

O professor que ensinava.
Educava a "quebra-galho"!
A didática era falha.
E era chato pra caralho!

DESÂNIMO

Gostaria muito de entender,
Mas não consigo!
Repetidas lições para aprender,
De um ensinar estressadinho!

Não tenho interesse no assunto.
Quem me espelha não ajuda!
Sentado me quer mudo.
Por que então me imputa?

Descarrego na bagunça,
O desprezo que assusta!
Não se recorre ao disfarce,
quando com olhar me acusas!

SENSIBILIDADE

Olhar de águia.
Olhar que afaga.
Olhar anágua
Olhar que não apaga.

Olhar individual.
Leitura facial.
Olhar que discrimina.
A dificuldade banal.

Leitura precisa.
Leitura imprecisa.
Leitura humana.
Leitura que ama.

EDUCAR É UMA ARTE

Educar é uma arte.
Que não posso lhe ensinar!
Três lições são importantes.
Aprender, interpretar e amar!

Ensinar não é fortuito do querer!
É inquietação que precede o aprender.
É esforço que leva à perfeição!
Estudar remete ao saber!

O saber não se repassa.
Interpreta-se com expressão.
Quem assimila se for sem graça!
De quem ensina sem emoção!

Se a aula perder a graça,
A repulsa não demora!
Não se ensina nem de graça,
O que se deve jogar fora!

Quem rejeita não educa.
Quem ignora também não.
Se amar não for possível,
Odiar não vale não.

Ser amado ainda é pouco.
Se odiar apenas um.
Se amar a quem rejeitas.
Perderás a nenhum!

No romper preconceitos.
Senta o mestre pra ensinar.
Quem por último que aprende.
Aprende o mestre a amar!

A TODOS

Se educar tão somente,
A quem se dispõe a entender.
Que mestria te compete?
O fazes por merecer!

Quem aprende não merece.
Que se possa escolher.
Quem precisa e se serve.
E quem não deve aprender!

INDISCIPLINA

Indisciplina é sintoma.
Do que não se deve praticar.
Quem tropeça na didática.
Faz o drama aumentar!

O problema é da família.
Atento-me a reclamar.
Abandonados pelos pais.
Passo a vida a murmurar!

Os alunos são terríveis.
E não querem estudar.
Desta culpa estou livre.
Recuso-me a inovar!

No fundo.
Tem seu mundo a camuflar.
O pré-tipo é o mesmo.
Predisposto a bagunçar!

De inteligência múltipla.
Não se recusam a estudar.
A prioridade é oculta.
Deseja ser amado em teu olhar!

Passam a vida a procurar.
Um referencial familiar.
Se encontrasse na escola.
A busca tenderia a cessar!

Baixa autoestima de antemão.
Não precisam se humilhar.
Buscam chamar atenção.
Não o fazem sem incomodar.

O estereótipo oculta.
Outrem de qualidade ímpar.
Necessita de uma oportunidade.
Para seus dons extasiar!

Quem o mestre escolher.
Pelo nome atenderá.
Na prioridade de aprender.
Na condição de aprendiz,
o condiz se desarmará.

QUEM ENSINA TAMBÉM APRENDE

Aprende a ensinar.
Aprende a não errar.
Rompe-se ao se aproximar.
Aprende a enfim amar!

O OLHAR

Se olhares em meus olhos.
Vai sentir o que eu sinto.
Se o semblante vê brilhar.
Saberá que o ensino teve êxito!

JOIA RARA

Não se minera diamante polido.
Minera-se em estágio bruto.
O mérito cabe aos ríspidos.
Pois não se transforma aluno culto.

Os ríspidos são substâncias duras.
Polir é arte honrosa.
Mesmo que o tempo delonga.
A joia é glamorosa.

Observa-se em estágio bruto.
A empatia apressa a necessidade.
A aproximação nega o abrupto.
O sentimento revela afinidade!

UM PAPO BANAL

Um papo banal.
Convence mais.
Que uma lição de moral.

A conduta regrada.
Um exemplo cabal.
Convence mais
Que uma punição lasciva.
E a prática imoral.

À BEIRA DA LACUNA!

A energia está pesada.
O despotismo me inflaciona.
Eu não suporto a molecada.
O senhor supremo me inflama.

A energia derrotista.
Aos pouco vem e deforma.
O atestado me aprova.
Em quinze dias tô de volta!

MATÉRIA E PROFESSOR

Há uma crença perene.
É a máxima de muitos docentes.
Pra aluno não se mostra os dentes.
Mesmo que esteja contente.

É receio de demonstrar desvelo.
Ou de perder a autoridade.
Mistificada na "didática do medo".
Imposta com superioridade.

E o aluno provoca.
Quer saber seu segredo.
Porque tem que representar.
Autoridade para impor medo?

O professor e a matéria
são um só.
No conceito dos discentes.
Tudo que provém do professor irritante.
É saber irrelevante.

O que provém do professor legal.
É conteúdo genial.
É o conceito aos pares.
De infausto desmembrar.

ESTERÓTIPO DE PROFESSORES E ALUNOS

PROFESSOR SOFISTA

Toma a parte pelo todo.
O fato isolado pelo geral.
Com conceitos e discursos.
Justifica educação que vai mal.

Existem alguns males necessários.
Nas justificativas o injustificável.
Também não veste a camisa.
O problema se repassa.
Não assume nenhum projeto.
Valendo-se do discurso de falácias.

ALUNO TRAMPOLIM

Transferido de sala em sala.
Inadaptado ou porque fala.
Afastado da turma.
Igualado à água turva.

Contamina por onde passa.
Em nenhuma sala se adapta.
Ninguém sabe o que se passa.
Em sua cabeça enigmática.

Tão enigmática quanto à didática.
A didática inadequada.
A família arruinada.
E o educador que o repassa.

Repassa porque acha.
Acha que é aluno "dez graça".
"Dez graça" que não estuda.
"Dez graça" que não passa.

E o problema não se resolve.
O problema se dissolve.
Dissolve-se na demanda.
Na demanda de quem manda.

PROFESSOR PROFISSIONAL

Profissional na profissão.
Ensina por ocupação.
Não se empolga, ri ou deplora.
Dá aula e vai embora.

O quadro é seu melhor amigo.
Ensina pra ele mesmo.
Quem aprendeu, aprendeu.
Quem não apendeu, é problema seu.

QUANDO?

Quando a relação perder a libido.
Quando a educação perder a emoção.
Quando poesia perder o sentido.
Quando a educação não for de coração.

Quando tão somente for uma profissão.
Quando ensinar perder a paixão.
Quando não for com alegria.
Quando penar na obrigação.

Quando a piada perder o humor.
Quando perder a essência de ser.
Quando abelha perder-se na flor.
Não quero estar aqui para ver!

O ALUNO INVISÍVEL

O invisível não tem nome.
O invisível é um resumo.
O invisível não tira dúvida.
O invisível atende pelo número.

O invisível não questiona.
O invisível não reclama.
O invisível não responde.
O invisível não detona.

O invisível tem vergonha.
O invisível não pergunta.
Julga-se que o invisível não estuda.
Ele tem medo que o exponha.

O invisível não tem crédito.
E o invisível não incomoda.
O invisível não tem mérito.
E com dúvida vai embora.

Desaprender fazendo errado.
Ou solitário cumprir a tarefa.
Errar e cumprir o enunciado.
É dilema que não supera.

A metodologia,
o invisível não aprova.
O olhar do mestre não o conhece.
A atenção o desmerece.
O invisível então reprova.

É fácil reprovar o invisível.
Pois invisível não amola!
O invisível não recorre.
A invisibilidade não incomoda.

PROFESSOR SARCÁSTICO

Exala sarcasmo pelos poros.
Saber irônico que impunha em arma!
O aluno é sujeito inconveniente.
Ensinar lhe fere a alma!

O mau humor a meato extravasa.
É planeta em órbita errada.
Aluno é "bicho" irritante.
Emparedar lhe acalma a alma.

Ultraja sem aceitar desafeto.
No jogo que não se joga baralho.
Mas na linguagem que fala acroleto.
Aluno se sente odiado!

ALUNO ICEBERG

Sou o reflexo do sol.
A resposta da tempestade.
Sou arco-íris briol.
Ou reflexo da maldade.

Se me bateres com o casco.
Saberás que quão sou duro.
Obra a ser apreciada.
Na imensidão do mar profundo.

Meu universo é profundo.
Não transpareço se não for seguro.
Para contornar o meu mundo.
Não me ofereça ponto obscuro.

PROFESSOR AUTORITÁRIO

Cara feia e envelhecimento precoce.
Sempre com a raiva franzida na testa.
Pra educação torce o nariz.
É um desrespeito à nossa estética.

A disciplina é ferramenta.
Garantia de aprendizagem.
Se não fosse a massa cinzenta.
Igualar-se-ia à sacanagem.

Comportamento ético amoral.
Pra seu governo é o senhor professor.
O saber provém do magistral.
Por pouco não nasce doutor.

Só dá aula pra vaquinha de presépio.
E pensa que está ensinando.
Vangloria-se de seus méritos.
Quando excede nos desmandos.

Aprendeu com os piores exemplos.
Repassa o que aprendeu aos tormentos.
Os outros lhes devem respeito.
Ser temido não lhe parece defeito.

ALUNO BODE EXPIATÓRIO

É julgado de antemão.
Porta estereótipo de errado.
Rodeado por um batalhão
O veredito lhe imputa culpado.

Não é aluno de inclusão.
Também não é surdo.
Mas é tratado como mudo.
E sem direito a argumentação.

Nele se descarrega todo mal.
O mau preparo e o mau salário.
O método inadequado.
E até o mal diário.

Aprendeu o que é justiça.
A justiça às avessas.
De quem ouve e é calado.
E sem direito a advogado.

O PROFESSOR SOFREDOR

As vantagens são desmedidas.
Mercenário por situação.
Já desistiu de tentar.
Não vê na vida outra opção.

Graduado em conteúdo.
Esmera-se sem condições.
De experiência, a carência é tudo.
Da didática, a prática, a negação.

Mas sofre porque não inova.
Porque não vê esperança.
Sofre porque não se encontra.
E por falta de confiança.

Sofre porque não tem didática.
Com o conceito não abarca prática.
Sofre porque desanimou.
E a azáfama o desmotivou.

Sofre porque desistiu de sonhar.
E só vê motivo para negar.
Sofre porque se atém a reclamar.
E não vê motivo para amar.

Sofre porque é principiante.
E a faculdade não preparou.
Sofre e se incomoda.
Com a educação que já mudou.

Sofre por falta de recursos.
E quando repete o discurso.
Sofre quando recebeu o salário.
E sofre para ser solidário.

Sofre porque se aposentou.
Quando retraído se recorda.
Que na vida não se realizou.
Ou porque o barulho o incomoda.

A GALERA DO CORREDOR

A galera do corredor.
Amplia a visão.
A visão de liberdade.
Ou da fuga da prisão.

Quando a educação é repressora.
O que liberta é o corredor.
É a liberdade a extrapolar.
No limitar do inspetor.

PROFESSOR SONHADOR

Planeja!
Estuda empolgado.
Sonhos inebriantes.
Aula a aposta.
Aula posta ao tablado.
Busca alunos fascinantes.

O real é agitado.
Do sonho à frustração.
O real não está aí para tablado.
Estampada decepção.

O ego indaga a resposta.
Quem me ousou a sonhar?
O condiscípulo pessimista.
Adianta-se a aconselhar.

Eles não querem estudar.
Não adianta se enganar.
Comigo é mesma coisa.
Estou só aguardando me aposentar.

Volte ao sistema tradicional.
No método ditatorial.
Ponha o aluno em seu lugar.
Que não adianta ser legal.

Sonhos frustrados.
Tablado lotado.
Alunos entediados.
E o mestre? Mortificado!

Homem de pedra.
Coração de lata.
Quem te ensinou a regressar?
Quem te ensinou o suicidar?

Se for pra regressar.
Que seja para dentro de ti!
Se for para errar.
Que o sonho não seja por si!

Antecipaste-te à molecada.
Sonhaste antes de conquistá-los.
A deambulação é lenta.
Afaste-te de quem só pensa em lamuriá-lo.

ALUNO IRRITANTE!

É aluno que nos põe à prova.
Não é o menos inteligente.
É aluno que incomoda.
Sem ao menos ser indecente.

Não dá motivo para ser exposto.
Com ar de independente.
Faz de um tudo a contragosto.
E menospreza o docente.

São flechas que se cruzam.
Dois arcos sempre a postos.
O lado fraco que descuida.
Assume o peso de uma aposta.

É o destaque por conveniência.
Se da cara te debocha.
Transpira autossuficiência.
Tirar do sério é o que importa.

Nota baixa é um prêmio.
Felicidade que a afronta.
Cara feia é esgrima.
Ser amado lhe desmonta.

PROFESSOR CRICA

Oh! Mundo incrível!
Não nos dá esperança!
Educação infrutífera!
Incrédulo a mudanças!

A educação está errada.
Alguém precisa se opor.
O mundo está perdido.
E ninguém tem nada a propor!

O excesso de crítica o impele ao tédio!
A direção o quer a distância!
Sacal educador, que dá pra remédio!
Mas exerce negativa liderança!

ALUNO TRAUMÁTICO

" Eu não conseguia tirar azul.
E a professora e só sabia gritar.
Tive a primeira nota vermelha da minha vida.
A professora não tinha vontade de explicar.

Mas é que eu odiava História.
Por conta da professora sarcástica.
Porque falava do que não sabia.
Perdendo oportunidade de ser simpática.

Eu só queria a sua ajuda.
Não queria que fosse assim tão bruta.
No tom de voz foi agressiva.
E eu tentando sobreviver à minha vida.

Eu sei que todos temos problemas pessoais.
Mas se descontar em mim acaba me humilhando.
Não posso perder a vontade de respirar.
Sem ouvir em demasiado a professora gritando.

O professor rasgou a prova e começou a gritar.
E sem motivos me fala que eu vou reprovar.
Não é eu queira fazer uma denúncia.
Mas no inglês, eu sou péssima na pronúncia.

Por que chegas de mau humor todo dia?
E por que tu ficas pegando no meu pé?
E a matéria tu complicas.
Ficar com nota muito baixa ninguém quer.

A professora meu usou como exemplo.
Chamou-me de burro e brigou comigo.
Mas eu não tinha culpa de ser tão lento.
Se me mandar para o quadro que eu não consigo.

Eu quase reprovei de série.
Tinha muita matéria pra estudar.
E o professor me tirou do sério.
Usando babada como método de ensinar.

Deve ser por causa do conteúdo.
Que as aulas são assim maçantes.
Mas por que professor trata mal a gente?
Queria entender o teu querer por instante. **"**

PROFESSOR QUERIDINHO

O objetivo é ser amado.
Se possível discipliná-los (alunos).
Nem sempre é respeitado.
Não sabe como educá-los.

Sofre pressão da galera.
Adiantam-se para tirar proveito.
Eles o mantêm na rédea.
E não lhes devem respeito.

ALUNOS VAQUINHA DE PRESÉPIO

Adaptados em cadeira de *Procusto*.
Sedestres que não entram atrasado.
Seguem a disciplina do medo.
Suprindo o que "aprendem" enfadado.

Os querem mudos e calados.
Obedecendo a uma ordem numérica.
Por horas permanecem sentados.
Formando nádega achatadas iméritas.

São alunos deseducados.
Deseducados para serem revolucionários.
São alunos bem educados.
Educados para serem proletários.

São alunos que sabem tudo.
Sabem muito do que não devem fazer.
São alunos que não sabem nada.
Sabem pouco do que gostariam de ser.

Permanecem alinhados e vigiados.
Mal educados suplicam-lhe o ser.
Preferiam ser confrontados.
Ao invés de emudecer.

Espelhos convexos lhes assustam.
São flechas de câmeras obscuras.
Se fossem joias seriam falsas.
Com brilho de um olhar escuro.

Vaquinhas de presépio.
Reféns da retórica.
Presos à injunção.
E imóveis na história.

Os imóveis movem o mundo.
Os imóveis não o transformam.
Os imóveis calcificam na história.
Os imóveis ao final se conformam.

PROFESSOR DESAGRAVO

Interpreta brincadeira como injúria.
Vê aluno como sujeito que apronta.
E busca retratação dos imorais danos.
Pois toda ação de aluno é uma afronta.

Afronte e adote um inimigo.
Brinque e ganhe um amigo.
Melhor um dia de humor.
Do que 199 dias de terror.

Quem brinca não perde soberania.
Se a brincadeira for salutar.
Evitando exceder-se na zombaria.
Como didática pode até ilustrar.

ALUNO LÍDER

É líder porque é engraçado.
Busca chamar a atenção.
Usa o humor como escudo.
Para não entrar em depressão.

É líder porque é político.
Sensibilizado, vai militar.
Mas se for corrompido.
Cedo ou tarde vai governar.

Não aceitam ser enfrentados.
Tornam-se líderes negativos.
Não suportam ser contrariados.
Respondem de modo agressivo.

Líder que for bem conduzido.
Converte-se em liderança revolucionária.
Não obstante se for inibido.
Ressurge como cabeça reacionária.

É líder porque foi escolhido.
E tem medo de assumir liderança.
Como líder é exigido.
Precisa adquirir autoconfiança.

É líder para fazer o social.
Adora conversar e passear.
Compromete-se com tudo.
É a pura necessidade de se ausentar.

Tem o líder comprometido.
Por todos é elogiado.
Estuda e cumpre o aludido.
Dispenso-me de comentá-lo.

Líder é sempre líder.
É melhor tê-lo como aliado.
Este também cumpre regras.
Não tem foro privilegiado.

ALUNO AGITADO

Desconsiderado e irritante.
Conceituado palpitante.
Perturbado pela puberdade.
Porém sucumbe à novidade.

Carente de atenção.
Nem sempre é reconhecido.
Mesmo aprendendo de antemão.
Por todos é descrido.

Rápido no raciocínio.
Mas não atende à necessidade.
De neurônio fervoro a férvido.
Busca a essencialidade.

É um gênio em potencial.
Mas é tratado como mau.
Não reconhece nem a fórmula.
No seu método original.

Se for bem encaminhado.
Vai de um todo revolucionar.
Tende registrará patente.
E vai o mundo conferenciar.

TODO PROFISSIONAL TEM POTENCIAL

Todo profissional tem potencial.
Na condição de buscar,
tentar ou errar.
Se não se deixar influenciar.
Por pessoas que influi a desanimar.

Todo profissional tem potencial.
Se corrigir o caminho.
E abjurar o que o desfaz.
Mesmo que esteja sozinho.
Ao se propor inovar.

Todo profissional tem potencial.
Quando tem algum fervor.
Se a alma for pequena.
Pra não se sentir superior.

A GALERA DO FUNDÃO

É a galera independente.
Desobrigam-se de estudar.
Fortes candidatos a reprovar.
Ou porque já sabem o suficiente.

É a galera rebelde.
Que só pensa em aprontar.
Seu interesse é insurgente.
Ou estão a fim de paquerar.

É a galera do boné.
E as regras vão burlar.
No conceito de liberdade.
Não precisam estudar.

Os do fundão são alegres.
Chegam até a incomodar.
Mais que outros se divertem.
E no Conselho passam a apostar.

São meninos e meninas.
Com problemas a esconder.
E precisam de ajuda.
Ajuda que ninguém quer ver.

O boné os encapsulam.
Faz-se de casco ou escudo.
Os sintomas são as notas.
E a deficiência no estudo.

A rebeldia é indício.
De algo que está errado.
Aproximar-se é preciso.
Com olhar mais apurado.

PROFESSOR MERCENÁRIO

Acredita de modo confortável que a culpa é da sociedade.
E aceitar um aperto de mão de colega desanimado.
Que o convence de um jeito de dormir conformado.
Sabendo no fundo do peito que é um fracassado.

Sentindo no corpo e na alma um grande rancor.
De ter conseguido na vida ser um rés professor.
E que vende sua aula por uns belos trocados.
E se convence que ainda é um bom mercenário.

Faz críticas ao governo que é situação.
Mas se curva às vantagens da oposição.
Critica a didática e o baixo salário.
Sabendo que a melhoria se espera sentado.

Em sala evita fadiga e se enrola inteiro.
Jogando toda culpa no aluno que é bagunceiro.
Aguarda silêncio de braços cruzados.
Buscando o direito de ser respeitado.

Faz belos discursos e se diz socialista.
Mas entra na luta como um bom capitalista.
Ao invés da matéria discursa falácias.
E se justifica sob seu ponto de vista.

Na educação faz bico
e trabalha em outro emprego.
Buscando no Estado, os vícios de um morcego em sossego.
Empenha-se na educação da elite,
buscando ser premiado.
Enquanto no Estado, balda o enguiço de um cara folgado.

No jogo da vida não se escolhe a decadência.
Pois se sepulta a vitalidade quando se mata a consciência.
Nem se mercantiliza a vida com a desgraça do outro.
Pois é na carência educacional que se morre aos poucos.

A PROFESSORA SOFIA

Foi convidada para uma peneirada.
Chegando, não se adaptou.
Era para eliminar seres inteligentes.
Indivíduos que Sofia não estimulou.

Eram humanos rebeldes.
Por eles se apaixonou.
Eram rebeldes sem causa.
Reveis, que então orientou.

Não impôs verdades prontas.
Dialética: ouvi e questionou.
Afirmar tudo, é não afirmou nada.
Cidadãos críticos garimpou.

ALUNO IMEDIATISTA

Cumprir a lição rapidamente.
Para fazer outra coisa.
Tem interesse pelo saber barato.
Exercita o saber de raposa.

PROFESSOR AUTORIDADE

É puro giz e alma.
Na necessidade,
uma turma agitada.
Que com ele alce voo.
Que com ele dê o show.

O assunto flui com naturalidade.
Sem desprezar apontamentos.
Discorre com familiaridade.
Atento a quem necessita de acompanhamento.

Do conteúdo o mestre se nutre.
Expõe-se com autoridade.
O conteúdo e o mestre se confundem.
E por essência demonstra humildade.

Na programação é profissional.
Não desatenta na hora de ensinar.
Ensina com empolgação.
Mas pende a párvulo* na hora de brincar.

Brinca, ri e interpreta.
Emociona-se e franje a testa.
Empolga-se e sobe na mesa.
Para que o aprender seja festa.

Quando o aluno mantém o comportamento.
Quando o grupo se mantém em silêncio.
Quando os pios que vêm de fora se ouvem.
É porque o conhecimento com ele permuta.

Raramente toma ato ditatorial.
É algo que foge do normal.
Em situações extremas.
Quando é generalizado o problema.

Para este,
não existe turma ruim.
E está sempre de bom humor.
Todo aluno é aprendiz.
Tem potencial para se impor.

Não admite ser grosseiro.
E cada aluno é especial.
Mesmo que seja bagunceiro.
Não lhe cogita nenhum mal.

Na linguagem poética, com significado de alegria de criança

A AZÁFAMA DIÁRIA

A NOTA

A nota conceitua.
A nota intriga.
A nota questiona.
A nota castiga.

A nota define conceito.
A nota vez por outra motiva.
A nota não impõe respeito.
A nota motiva ou desmotiva.

A nota idealiza resultado.
A nota paralisa o entusiasmado.
A nota posterga-nos desanimados.
A nota detona legados.

O avaliar é burocrático.
O avaliar é meritocrático.
O avaliar é mefistofélico.
O avaliar é benévolo.

A nota conceptualiza desempenhos.
E atribui juízo de valor.
Desconceitua metodologias.
E desvalida o amador.

A nota intensifica a divisão social.
E justifica a divisão moral.
A nota mistifica o valor instrucional.
E multiplica as injustiças sociais.

A nota outorga poder simbólico.
E dá poder a quem advoga.
A nota menospreza o saber bucólico.
E enxovalha a quem reprova.

A nota avalia um método.
Mitificando um viés.
De um ensinar incompleto.
Onde ninguém é zero, mas, ninguém é dez.

Dez na didática.
Dez no saber.
Dez no dever.
Dez nas humanas.
Dez nas exatas.

A nota nos engana.
Pois não encarcera ignorância.
A nota dá poder aos sacanas.
Ao virar moeda de barganha.

A nota aprova. A nota reprova.
Reprova uma vez. E reprova outra vez.
Reprova em português. Reprova em inglês.
Reprova quem parla italiano, com fluidez.

A INSEGURANÇA

Se a insegurança me acompanha, desacampo.
Desaba-se o meu mundo, desencanto.
Se meu canto me isola, necessito.
Mas se adquiro segurança, persisto.

ELES NÃO TÊM LIMITE ALGUM!

Se fossem cientistas teriam?
Guerras e bombas.
Roubalheiras e arrombas.
Drogas letais! Armas fatais.
Limites de sábios mortais!

Qual é o limite de um sonho?
A forma ou o despertador?
A dominação ou a dor?

Qual é o seu limite?
Arrogância!
Ignorância!
Vigilância!
Ou a elegância?
Qual é o limite de um jovem?
Um muro?! Uma escola?!
Uma fila?! Uma prova?!

Qual é o limite do saber?
A ranzinze ou prazer?
A repetição ou a produção?
A paixão ou a burocratização?

A PAIXÃO QUE LIMITA!

Paixão pela escola.
Paixão por uma bola.
Paixão por uma cor.
Paixão por um professor.

Um professor que anima.
Um professor que ensina.
Um professor que é carismático.
Um professor que é simpático.

Um professor que se envolve.
Um professor que os estimam.
Um professor que cobra.
Sem, no entanto, ser crica.

Paixão por uma matéria.
Paixão pelo saber.
Paixão pela novidade.
Paixão pela humanidade.

A SITUAÇÃO QUE ILIMITA!

Uma escola que não acolhe.
Uma sala que aprisiona.
Um olhar que o enoje.
A situação que o envergonha.

Aula mal preparada.
Ou uma lição de moral.
Uma criança contraída.
Uma babada que detonada.

A ofensa dirigida.
Um olhar que o incrimina.
A baixa autoestima.
Ou o desprezo das meninas.

Aula "chata".
A nota baixa.
A prelação mal temperada.
A estupidez dirigida.
E a fala inexpressiva.

O CONSELHO É DE CLASSE

O Conselho é de classe.
Este merece reprovar.
Em "conceitos científicos".
Ele não vai acompanhar.

Na escola do debate.
Muitos precisam se calar.
Quem só conversa.
O Conselho vai remanejar.

O Conselho lava roupa.
E nem suja ela é.
É a didática do descarrego.
Brincadeira de bem-me-quer!

É gente que tende a empurrar.
É gente que caiu sem recorrer.
É gente levando em banho-maria.
É gente tentando sobreviver.

A SALA DAS LAMENTAÇÕES

Deveria existir uma sala especial.
Para entrar de mal humor.
Com ausência de alegria total.
Onde só entra sofredor.

"Que alegria é essa".
Observa-se em repressão.
Se alguém entrar animado.
Ao local destinado à lamentação.

Nesta quem roga paciência.
Para exercer a docência.
Quem evita a reclamação.
Não é bem-vindo não.

Deveria existir uma sala.
Onde as paredes fossem mudas.
A iluminação fosse pouca e obscura.
E a consciência fosse nula.

O GRITO

Tem profissional que grita.
Quando busca reconhecimento.
É a pergunta que implora.
Como deve ser meu procedimento.

Tem professor que grita.
Na tentativa que esmera.
Quando grito na gruta entoa.
É a educação que se desespera.

Quando a educação ecoa.
No mérito retorna à caverna.
Não é um desespero à toa.
É o grito que antecede à taberna.

Tem aluno que grita,
Com a educação que é mala.
É a educação que grita.
Com regra e carteiras que calam.

Tem aluno que grita.
E busca reconhecimento.
Numa sala que cala.
Grita o comportamento.

Tem aluno que grita.
Puseram porta na caverna.
No mundo do conhecimento.
A educação não oferece lanternas.

Do carvão ao giz.
Pintamos a parede.
Há quem me diz.
Estamos inclusos na rede!

Projetamos na parede.
E a caça já está posta à mesa.
Sem participar da caça, gritamos!
Não tem graça o banquete.

DEVANEIOS

Lançamos quimeras.
Com teorias que aprovam.
O diploma qualifica doutor.
Em conceitos que se joga fora.

Com conceitos eminentes.
Giramos em devaneios.
Escrevemos teorias.
Afastados do meio.

ERAM UMA VEZ UM MESTRE

Eram quarenta ovelhas.
Cinco delas se perderam.
O mestre desistiu de vê-las.
Trinta e cinco ele salvou.

Eram apenas cinco ovelhas.
Só uma não voltou.
O mestre desistiu de tê-la.
E o seu rebanho renovou.

Eram apenas quatro ovelhas.
Uma delas se atrasou.
O mestre desistiu de buscá-la.
Seu semblante não mudou.

Eram apenas três ovelhas.
Uma delas se machucou.
O mestre não espantou as feras.
Nem ao menos a resgatou.

Eram apenas duas ovelhas.
Uma delas então chorou.
O mestre não chorou com ela.
No penhasco ela se precipitou.

Era uma vez uma ovelha.
Que sozinha desanimou.
O mestre não andou com ela.
Com os lobos ela se juntou.

Era uma vez, um mestre!

SALA HOMOGENEIZADA

Não se homogeniza comportamentos.
Não se homogeniza por ameaça.
Não se homogeniza por medo.
Não se enfatizam as desgraças.

Homogeniza-se saber.
Fazendo parecer que é fácil.
Priorizando o latente.
Superando a ineficácia.

DISCIPLINAR

É externar um saber que fascina.
Sem castrar o revolucionário.
É ver flores onde há espinhos.
Sem caráter doutrinário.

O disciplinado admira o mestre.
E se disciplina porque aprende.
O disciplinado busca espelho.
E se disciplina porque transcende.

O disciplinado respeita o mestre.
E se disciplina porque faz sentido.
O disciplinado busca o olhar do mestre.
E se disciplina porque o olhar é amigo.

O disciplinado é reconhecido pelo mestre.
E se disciplina para segui-lo.
O disciplinado dialoga com o mestre.
E se disciplina para ouvi-lo.

O disciplinado vê modelo no mestre.
E se disciplina porque é liderado.
O disciplinado ama o mestre.
E se disciplina porque é amado.

PROFESSOR, POR QUE VOCÊ VEIO?

Eu vim e não fui convidado.
Eu sou o céu, a fel, o amargo.
Eu sou o âmago desamparado.
Eu sou o ébrio, escuro, nublado.

No escuro, eu sou o toldado.
Na neve, eu sou o gelado.
No intrínseco, sou o fracassado.
Na tempestade, eu sou o telhado.

É! Mas eu sou a paz e o caminho.
O futuro que ainda não veio.
Eu sou reflexo da sua beldade.
Eu sou, do horizonte, o anseio.

Eu vim para que sinta saudade.
Eu sou do futuro, a diferença.
A sapiência da pouca idade.
O sorriso, a afinidade, o passado e a presença.

A FAMÍLIA DESESTRUTURADA

Papai, mamãe e filhinho.
Modelo de família tradicional.
Com crianças desamparadas.
Sem amor fraternal.

No seio da família clássica.
Crianças crescem desgovernadas.
Com excesso de proteção maternal.
Ascendem despreparadas.

Criança que pede socorro.
Vem de família normal.
É criança mal-educada.
Que todo dia aparta casal.

Com a família desestruturada.
A escola só tem a ganhar.
Se criança encontrar na escola.
O amor que família está a negar.

AVALIAÇÃO

Quando o aluno não aprendeu.
Deve-se avaliar o quê?
Quando a aprendizagem foi incondizente.
Avalia-se por quê?

Não se avalia a didática.
Nem ao menos os procedimentos.
Foca-se na desgraça.
Na busca por desempenhos.

Discutir a avaliação.
Sem melhorar a didática.
É controverter-se na razão.
Em argumentos de falácias.

No aforismo que se dissemina.
Aluno se obriga a estudar.
Quando a nota é diminuída.
Ele tende a se encaminhar.

Na proporção de oito pra dezoito.
A minoria inclina-se a perscrutar.
Enquanto maioria em aloito.
Desanima de estudar.

A DISTÂNCIA

Há quem queira distância de aluno.
Ascender ao pódio sem paixões.
Tem alma que quer distância de seu corpo.
Quando este não tem coração.

BOA AULA

Perguntei aos meus alunos.
O que seria uma aula legal?
As respostas foram respeitadas.
Mesmo as não geniais.

Aula que pra tudo tem hora.
Hora de brincadeira entreteria.
Hora de atualizar a conversa.
E hora de explicar a matéria.

Desde o 6º ano que eu estudo aqui.
E eu nunca fui a um museu.
Nem a um parque de ciências.
Uma boa aula ainda não ocorreu.

Uma boa aula é bem preparada.
Por vontade e não por obrigação.
Aula objetiva, com explicações bem claras.

Na qual todos participam na opinião.

O principal é o professor com paciência.
Que seja legal e sempre de bom humor.
Entra na sala e um por um cumprimenta.
E em sua aula dinâmica, ensina com fervor.

Uma aula diferenciada.
E que promova o debate.
Uma aula descontraída.
Que não cause desgaste.

O professor sabe brincar,
envolvendo o assunto.
Explica bem para que ela não fique enjoada.
Um "profe" que brinca, sendo sério na hora certa.
E que não chegue com vontade de não fazer nada.

A ESCOLA QUE QUEREMOS

A escola que queremos.
Não é a escola que nós temos.
Também não é a escola que sonhamos.
Mas é a escola que amamos.

A escola que nós temos.
Infelizmente é dual.
Divide a educação em classes.
Todas elas desiguais.

A escola que nós temos.
Só exclui quem não se dedica.
Quem ajuda nós queremos.
Quem não ajuda não complica.

A escola que nós temos.
É um tanto desestruturada.
Se não nos ensina a viver no mundo.
Não serve mais para nada.

A educação que nós temos.
Infelizmente é engessada.
Aprendemos com o que temos.
Mas repudiamos se for negada.

A escola que buscamos.
É uma escola ideal.
É no mínimo acolhedora.
Simpática e maternal.

A escola que nós queremos.
É um tanto idealizada.
Uma estrela quando brilha.
É educação concretizada.

A educação que nós queremos.
Não é educação inconsequente.
Só dá exemplo ético para o mundo.
A educação que abre mentes.

A escola que não temos.
É construída pela luta.
Mesmo se for ímpar o que queremos.
Não nos afasta dessa busca.

HISTÓRIAS DA EDUCAÇÃO

O MENINO E O PROFESSOR

Um pai que era ausente, de repente apareceu.
E o menino que era livre, nova regra recebeu.
O regime militar, do pai soldado aprendeu.
O professor que era bravo, com o pai se pareceu.
E o menino que zoava, o professor o repreendeu.
Ele, que tudo analisava, pensou esse professor se ferrou.

Subia na carteira, bagunçava e fugia para o corredor.
Eu não obedeço meu pai, muito menos o professor.
O professor que se descabelava, um dia se cansou.
Irritou-se com menino e mandou para o diretor.

O diretor o ameaçou, mas depois o aconselhou.
E o menino, que não era bobo, com ele concordou.
Voltou à sala cabisbaixo, e até se sentou.
Mas por dentro, lá no fundo, do professor ele caçoou.

Os dias se passaram e o menino piorou.
Novamente o diretor, o menino visitou.
O professor, que não era burro, finalmente então sacou.
Pela primeira vez, o seu método inovou.

Com o menino se sentou, e em exclusivo o ensinou.
Montou com ele a tabuada. Somou, diminuiu, multiplicou.
Ele achou esquisita a raiz, mas a tabuada decorou.
Aprendeu que professor não era assim tão mala, e até se iguala
ao doutor.

Na sexta-feira era a prova, marcada pelo professor.
E o menino acertou de dez, nove, e apenas uma errou.
Ai meu Deus, que maravilha! Vou mostrar pra minha mãe.
Ele quase que gabarita, o safado, filho da mãe.

Preciso saber o que aconteceu, admirado o professor.
Ficou surpreso mais ainda, quando o viu no corredor.
O menino lhe aguardando, para carregar o apagador.

No momento os dois se olharam, e a amizade apareceu.
O professor então pensou: já sei o que aconteceu.
O professor então sacou, e com o menino aprendeu.

E o menino, ele ama e como pai o adotou.
E mesmo sem saber, o coração do professor ele mudou.
Com o método que aprendera, um por um ele ensinou.
Pôs a didática a rever e nunca mais se desanimou.

JONATHAN

Jonathan era um menino, que queria estudar.
Evocava na professora, a mãe que viu o tio matar.
De qualquer maneira, tentou se aproximar.
Parecendo mexerico, a professora se indispôs e passou a ralhar.

Primeiro tu estudas e vê se consegue se formar.
E terás então um livro teu, poderás então folhear.
Não obrigado! Essa profissão não quero não.
Professor só tem na cabeça, o que boi faz de montão.

Pobre do menino!
Foi infeliz na observação.
Por seu expressar infortuno.
Foi parar na direção.

PALAVRA AGRESSIVA

Expressar-se de modo agressivo.
É algo fantástico.
O aluno vai entender!
De birra repetirá os gestos.
"O professor que vá se... perder"!

Os que vêm da sociedade agredidos.
Buscam uma escola que alivia.
Procuram um espaço que os liberam.
De matar um leão por dia.

Caso buscassem,
o que encontram lá fora.
Não necessitariam da escola.
Querem por entre os muros.
Que agressão fique de fora.

A CARROÇA ESCOLA

Foi numa agregação de educadores que ouvi essa passagem.
Quando o café corre a prosa, é que se partilha o pó da idade.
Professora muito versada, traz no jaleco o giz de uma viagem.
Na sabedoria de quem se preza, aconselhou com toda a
humildade.

Quando a conversa corria a solta entre cafés da intercadência.
Conta-nos de um qualquer, desses que se ensina, mas nos
falta a paciência.
Num ato de desespero é que se perde a consciência.
É quando se fala sem pensar e não se concebe as consequências.

Menino és tão burro, por que não aprendes? O que tu tens
na cabeça?
Quando crescer vai puxar a carroça, isso eu garanto, essa a
minha aposta.
Foi uma salva de vaias, deixando mísero sem resposta.
Mas quem tem amor próprio, tem hombridade e nobreza.

O tempo traz a resposta, os resquícios e a incumbência.
A festividade alude a homenagem, à data a que se representa.
Se for dia de festa, o povo ostenta e a autoridade marca presença.
O prefeito e o vigário, professores e funcionários, comemo-
ravam o dia da docência.

Na sequência do vigário, o prefeito por excelência.
No discurso e com palavra, a voz da autoridade que a todos
representa.
Fala com moralidade, honradez e decência.
Com a sabedoria de quem discorre com um mínimo de
eloquência.

Perdoem-me a arrogância e se me desemparo de elegância.
Há quem supere a fealdade, mesmo quando lhe faculta a
faculdade.
A escola que te ameiga, é a mesma que castiga.
E o que não se doutora na escola, a vida é quem ensina.

Eu comparo a educação a uma linda carruagem.
Que carrega uma bagagem que na viagem se ajeita.
No comando há quem afaga, mas há também quem arreia.
Umas abóboras se ordenam, enquanto outras desnorteiam.

Os que puxam não embarcam, se não comandam as próprias rédeas.

Quem comanda a carruagem, é responsável pela bagagem, que se esmaga, se não zela.

Quem dos frutos saboreia, nem sempre é quem semeia ou quem zelou pela roça.

O diretor é quem lidera, professor é quem congrega, e eu puxo a carroça.

ESCREVI

Escrevi o que vi.

Escrevi o que pratiquei.

Escrevi o que absorvi.

Escrevi o que amei.

Escrevi o que experienciei.

Escrevi, mas não consultei.

Escrevi para desmentir.

Escrevi o que confirmei.

Escrevi no chão da escola.

Escrevi sobre o que pesquisei.

Escrevi o que me martelou na cachola.

Escrevi o que analisei.

Escrevi o que se pratica.

E já se tornou invisível.

Escrevi sobre métodos que oprimem.

Escrevi o que se ensina de incrível.

Escrevi o que escutei.

Escrevi para não me calar.

Escrevi o que autoavaliei.

Escrevi para te deseducar.

ESCREVI!